# तन्हा रातें VOL - 2

AF437694

श्रीराज मेनन

Copyright © Shreeraj Menon
All Rights Reserved.

This book has been published with all efforts taken to make the material error-free after the consent of the author. However, the author and the publisher do not assume and hereby disclaim any liability to any party for any loss, damage, or disruption caused by errors or omissions, whether such errors or omissions result from negligence, accident, or any other cause.

While every effort has been made to avoid any mistake or omission, this publication is being sold on the condition and understanding that neither the author nor the publishers or printers would be liable in any manner to any person by reason of any mistake or omission in this publication or for any action taken or omitted to be taken or advice rendered or accepted on the basis of this work. For any defect in printing or binding the publishers will be liable only to replace the defective copy by another copy of this work then available.

# क्रम-सूची

# क्रम-सूची

# क्रम-सूची

# क्रम-सूची

# क्रम-सूची

# भूमिका

पुस्तक में लेखक द्वारा लिखित हिंदी कविताएँ और शायरी शामिल हैं। इसमें कविताएं, शायरी और प्रेरणादायक उद्धरण शामिल हैं।

इस पुस्तक में लेखक द्वारा लिखी गई कुछ कविताएँ और शायरियाँ हैं जो प्रेम, प्रकृति और जीवन के सामान्य दैनिक पहलुओं पर आधारित हैं। कुछ प्रेरक प्रसंग भी हैं। प्यार में पाया गया प्यार, खोया हुआ प्यार और फिर से जगा हुआ प्यार शामिल है। इसी तरह, प्रकृति में प्रकृति का महत्व है और लोग बिना किसी दुष्प्रभाव के प्रकृति का अपने फायदे के लिए दुरुपयोग करते हैं। सामान्य में जीवन के सामान्य पहलू होते हैं जो लोगों और परिवेश के साथ चलते हैं।

# पावती (स्वीकृति)

मैं अपने उन दोस्तों को धन्यवाद देना चाहता हूं जिन्होंने मुझे कविताएं और शायरी लिखने के लिए प्रेरित किया, जिसे मैं कहता था और भूल जाता था। मैं Your Quote प्लेटफॉर्म और उसके सभी सदस्यों और समूहों को भी धन्यवाद देना चाहता हूं जिन्होंने मुझे अनुमति दी और मुझे इसके मंच पर अपनी सामग्री लिखने के लिए प्रेरित किया। मैं नोशन प्रेस और उसके सभी सदस्यों को भी धन्यवाद देना चाहता हूं जिन्होंने मुझे अपनी सामग्री को अपने मंच और समय-समय पर मार्गदर्शन के माध्यम से प्रकाशित करने की अनुमति दी, जो उन्होंने मुझे मेरी त्रुटियों को ठीक करने के लिए दिया।

# 1. आईन - क़ानून

आईन होती है पालन करने के लिए ऐ ग़ालिब
इश्क़ में तो उसने सारी हदें पर कर ली
— Raj
आईन
aaiin
law
[क़ानून]
@tanharaatein
YourQuote.in

# 2. गुलज़ार - बाग़

गुलज़ार
gulzaar
garden
[बाग़]
आजाओ इस मोहब्बत की गुलज़ार में
चार पल गुजर लूँ मैं इश्क़ की दीदार में
— Raj
@tanharaatein

# 3. आस्ताँ - चौखट

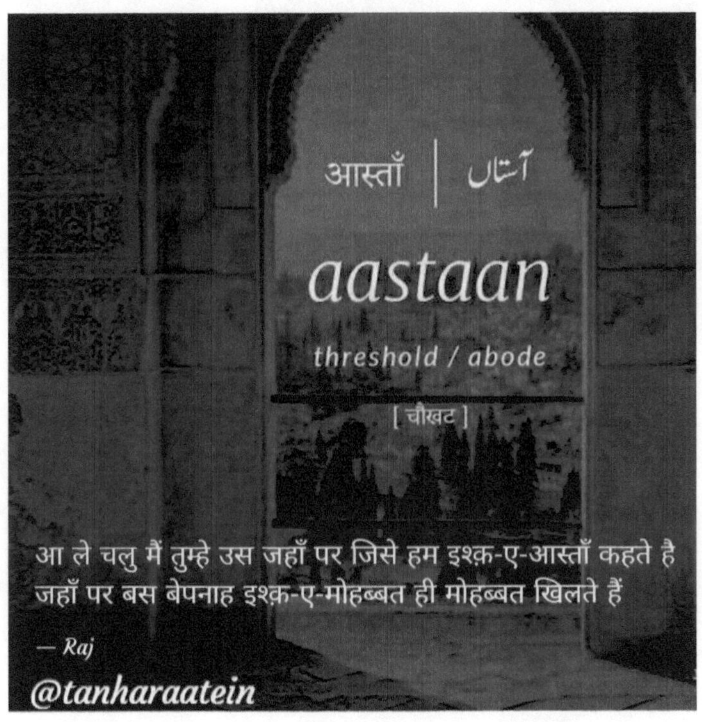

आस्ताँ | آستاں
aastaan
threshold / abode
[चौखट]
आ ले चलु मैं तुम्हे उस जहाँ पर जिसे हम इश्क़-ए-आस्ताँ कहते है
जहाँ पर बस बेपनाह इश्क़-ए-मोहब्बत ही मोहब्बत खिलते हैं
— Raj
@tanharaatein

# 4. नौ-बहार - नव वसंत

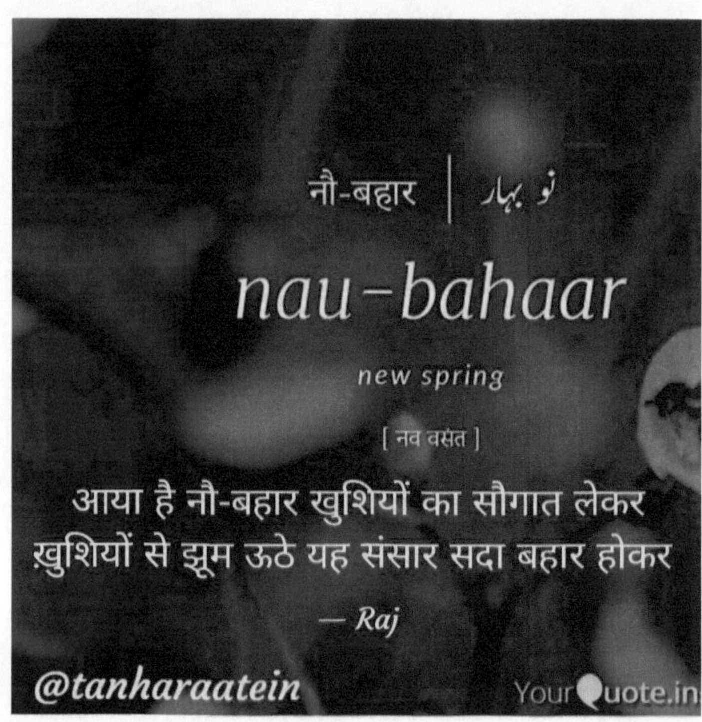

नौ-बहार
nau-bahaar
new spring
[नव वसंत]
आया है नौ-बहार खुशियों का सौगात लेकर
ख़ुशियों से झूम ऊठे यह संसार सदा बहार होकर
— Raj
@tanharaatein
YourQuote.in

# 5. अग़्यार - पराया लोग

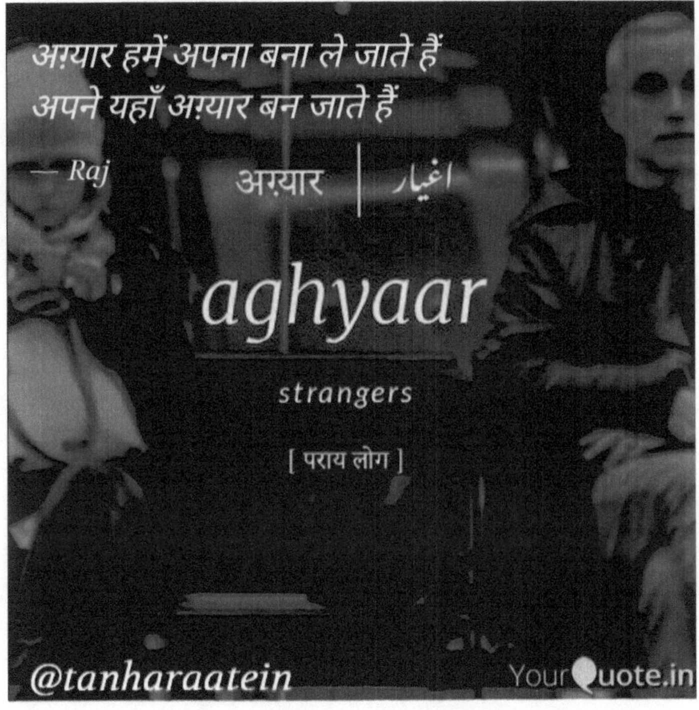

अग़्यार हमें अपना बना ले जाते हैं
अपने यहाँ अग़्यार बन जाते हैं
— Raj
अग़्यार | اغيار
aghyaar
strangers
[पराय लोग]
@tanharaatein
YourQuote.in

# 6. ग़म-गुसार - हमदर्द

# 7. पैग़ाम-ए-उल्फ़त - सन्देश इश्क़ का

ऐ कबूतर मेरे पहुँचाना मेरा पैग़ाम-ए-उल्फ़त को
इश्क़-ए-मोहब्बत में दिलरुबा इंतजार कर रही है

— *Raj*



*@tanharaatein*

# 8. अजल - मृत्यु/मौत

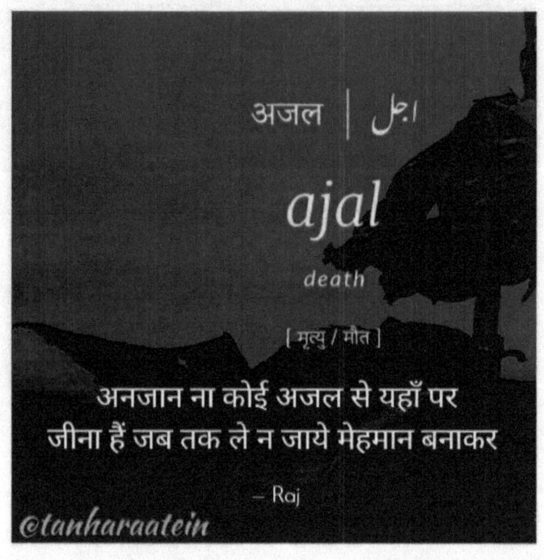

अजल | اجل
ajal
death
[मृत्यु / मौत]
अनजान ना कोई अजल से यहाँ पर
जीना हैं जब तक ले न जाये मेहमान बनाकर
– Raj
@tanharaatein

# 9. असनाम - मूर्तियाँ

असनाम | اصنام
asnaam
idols
[मूर्तियाँ]
असनाम की इबादत करने से ज़्यादा ग़रीब की मदत करो
इंसान को इंसान समझकर ग़रीबों की पेट भरा करो
– Raj
@tanharaatein

# 10. ज़ौक़-ए-परस्तिश

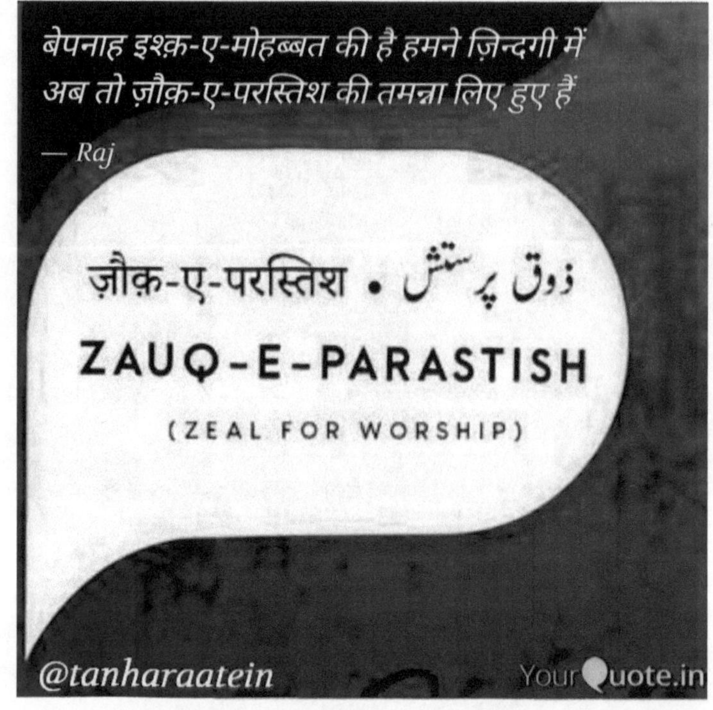

बेपनाह इश्क़-ए-मोहब्बत की है हमने ज़िन्दगी में
अब तो ज़ौक़-ए-परस्तिश की तमन्ना लिए हुए हैं
— Raj
ज़ौक़-ए-परस्तिश
ZAUQ-E-PARASTISH
(ZEAL FOR WORSHIP)
@tanharaatein
YourQuote.in

# 11. तराना - गाना

बहुत तराना गा लिए हमने सनम तुम्हारे मोहब्बत में
अब तो इश्क़ रंग लाने दो अपनी मिलन की संगीत में

— Raj

तराना - TARAANA - ترانہ
(SONG / गाना)

@tanharaatein
YourQuote.in

# 12. बसेरा - वास स्थान

*बसारे नहीं बसेरा है

# 13. हबीब - महबूब, प्यारा

# 14. निहाँ - छुपा हुआ/हुई

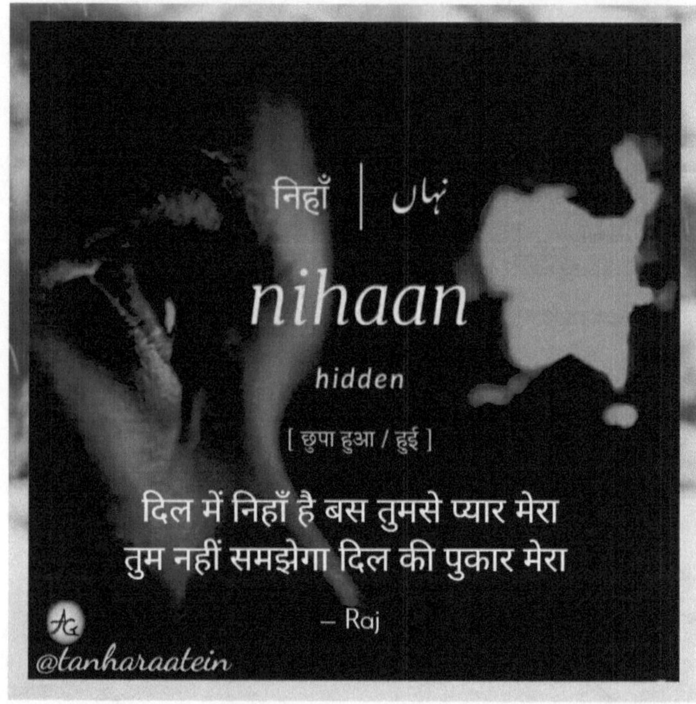

# 15. ग़ज़ाल - मृग शावक

# 16. तवंगर - धनी/ शक्तिशाली

# 17. तहरीर - लिखावट/लेख

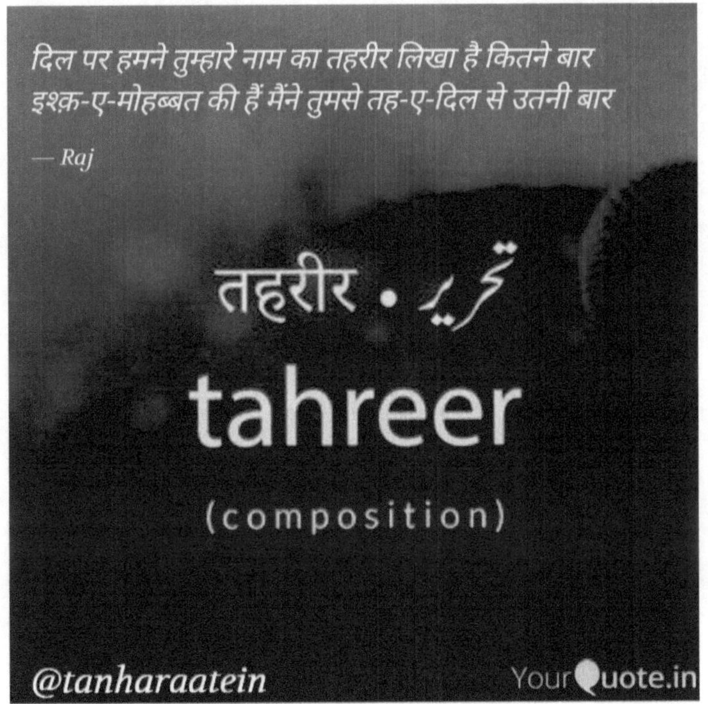

# 18. रज़्म - युद्ध

# 19. आब-ए-गुहर - मोती की चमक

# 20. यख़-बस्ता - जमा हुआ

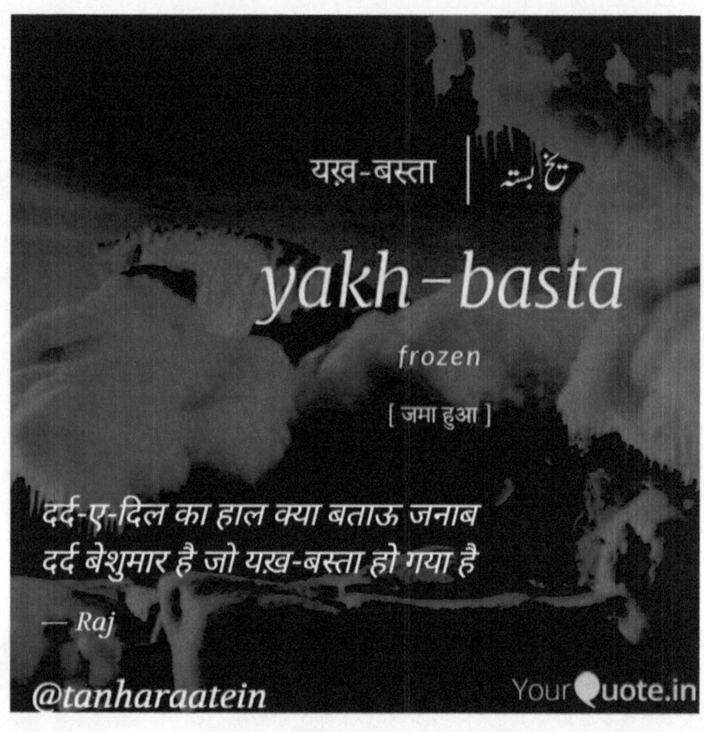

# 21. क़तरा-ए-शबनम - ओस की बूंद

# 22. इरफ़ान - बुद्धिमत्ता/ ज्ञान

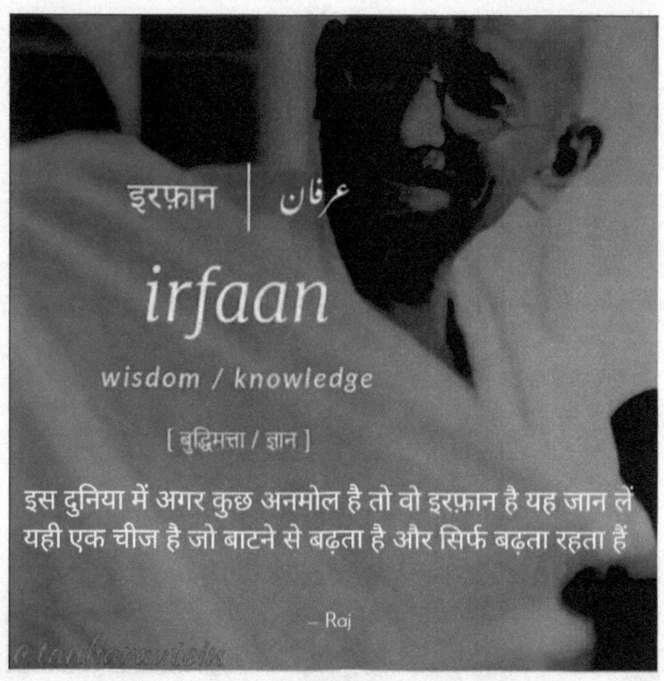

# 23. इल्तिजा - अनुरोध

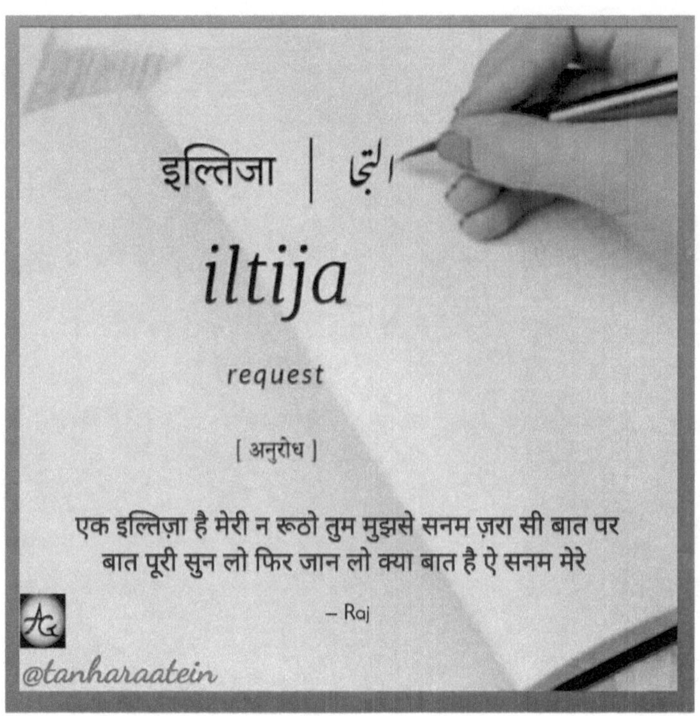

इल्तिजा
iltija
request
[अनुरोध]
एक इल्तिज़ा है मेरी न रूठो तुम मुझसे सनम ज़रा सी बात पर
बात पूरी सुन लो फिर जान लो क्या बात है ऐ सनम मेरे
— Raj
@tanharaatein

# 24. काशाना - घर

काशाना
kaashaana
house
[घर]
एक खूबसूरत सा काशाना बनाएँगे
जहाँ हम तुम सनम मिलकर रहेंगे
@tanharaatein   – Raj

# 25. ग़ोल - भीड़

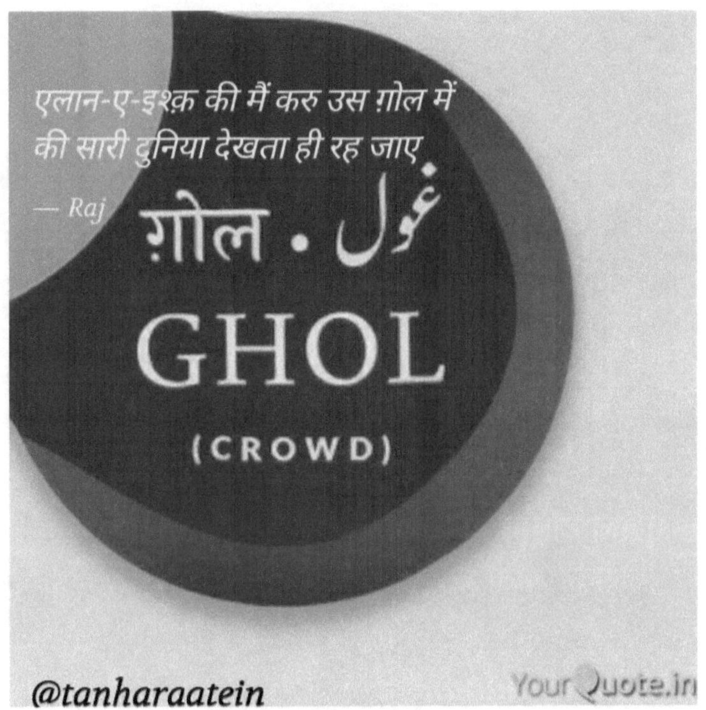

एलान-ए-इश्क़ की मैं करु उस ग़ोल में
की सारी दुनिया देखता ही रह जाए
— Raj
ग़ोल · غول
GHOL
(CROWD)
@tanharaatein
YourQuote.in

# 26. शीरीन - मीठा

शीरीन | شیرین
sheereen
sweet
[मीठा]
गुलाब जामुन की तरह शीरीन तुम्हारी वाणी
जिसकी बातों की बोली कोयल सी प्यारी
— Raj
@tanharaatein
YourQuote.in

# 27. अनासिर - तत्व

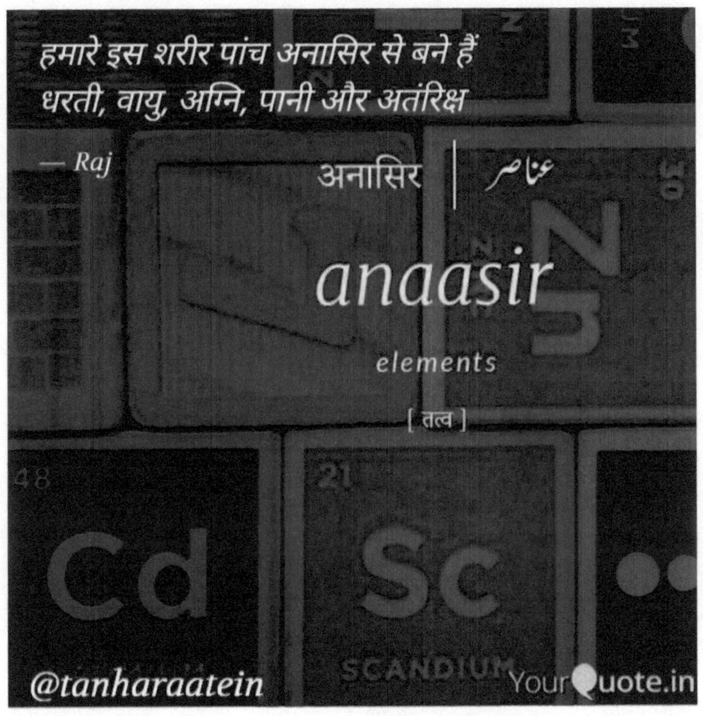

हमारे इस शरीर पांच अनासिर से बने हैं
धरती, वायु, अग्नि, पानी और अतंरिक्ष
— Raj
अनासिर | عناصر
anaasir
elements
[तत्व]
Cd
Sc
SCANDIUM
@tanharaatein
YourQuote.in

# 28. बईद - दूर/लंबा

बईद - BAEID - بعید
(FAR)
इंतजार-ए-इश्क़ में हम गुज़ार रहें है दिन रात
कैसे मैं मिलूं तुम्हे अभी बहुत बईद हो तुम
— Raj
@tanharaatein
YourQuote.in

# 29. इफ़रीत - भुत-प्रेत

# 30. हुनर - कला

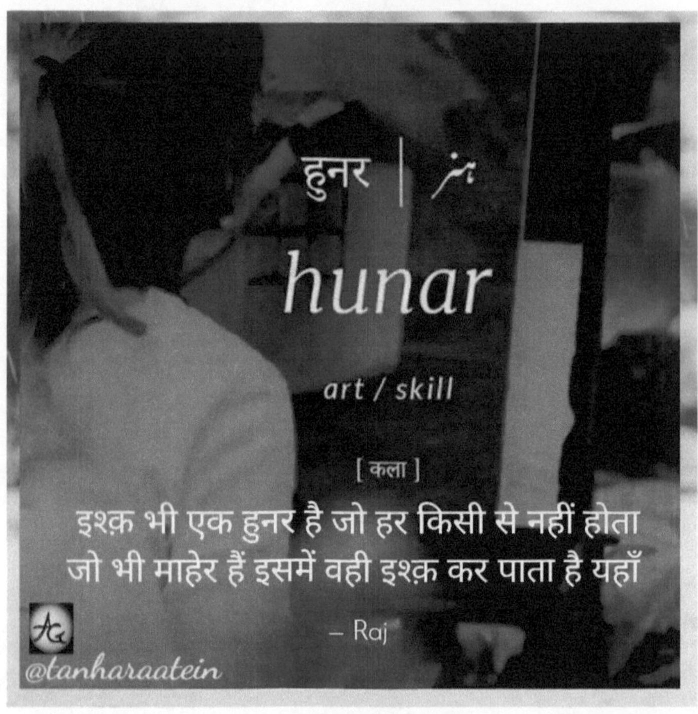

हुनर
hunar
art / skill
[कला]
इश्क़ भी एक हुनर है जो हर किसी से नहीं होता
जो भी माहेर हैं इसमें वही इश्क़ कर पाता है यहाँ
– Raj
@tanharaatein

# 31. बर-आमद - निकासी

इश्क़-ए-मोहब्बत अपने दिल से बर-आमद कर रहा हूँ
काश तुम इसे सीमा शुल्क अदा कर स्वीकारे होतें

— *Raj*

बर-आमद • برآمَد

# Bar-Aamad

(EXPORT)

@tanharaatein

# 32. तासीर - प्रभाव

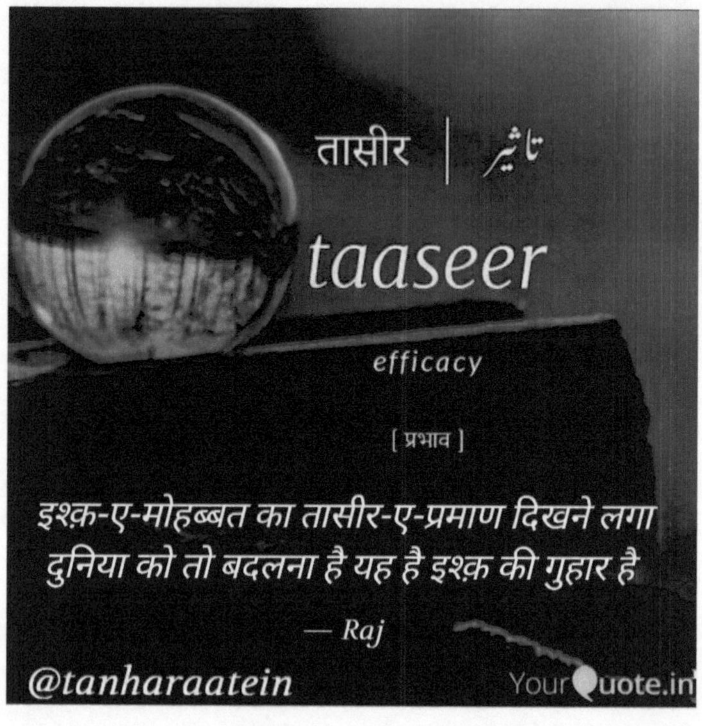

तासीर
taaseer
efficacy
[प्रभाव]
इश्क़-ए-मोहब्बत का तासीर-ए-प्रमाण दिखने लगा
दुनिया को तो बदलना है यह है इश्क़ की गुहार है
— Raj
@tanharaatein
YourQuote.in

# 33. दरयाफ़्त - खोज

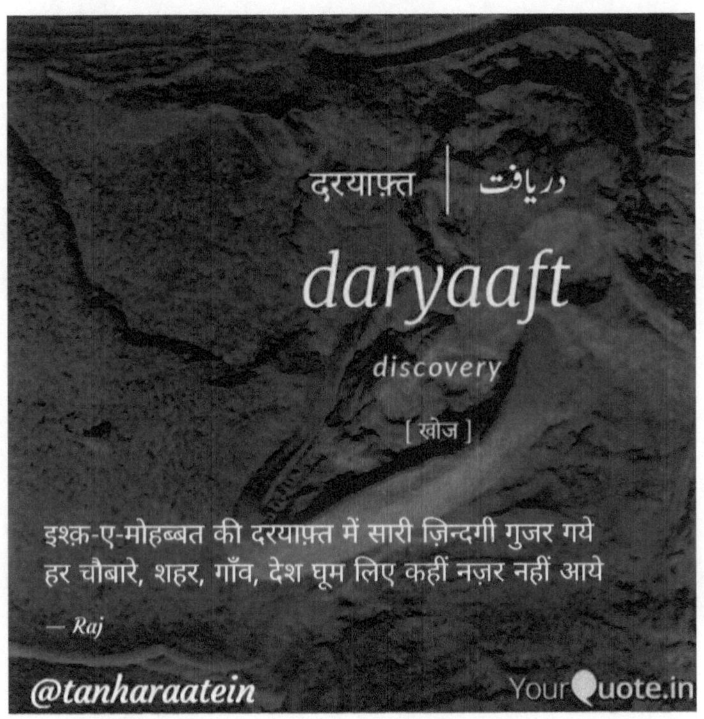

दरयाफ़्त | دریافت
daryaaft
discovery
[खोज]
इश्क़-ए-मोहब्बत की दरयाफ़्त में सारी ज़िन्दगी गुजर गये
हर चौबारे, शहर, गाँव, देश घूम लिए कहीं नज़र नहीं आये
— Raj
@tanharaatein
YourQuote.in

# 34. पैमाइश - माप तोल

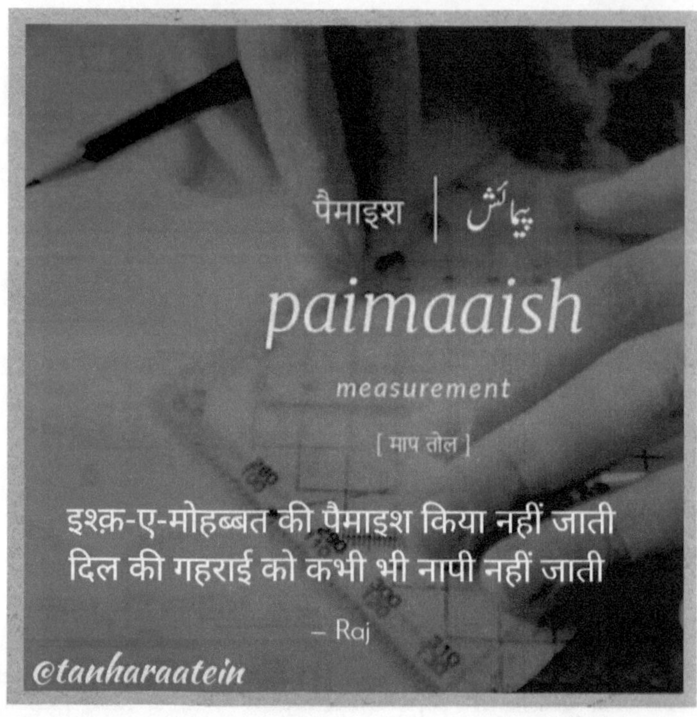

पैमाइश | پیمائش
paimaaish
measurement
[माप तोल]
इश्क़-ए-मोहब्बत की पैमाइश किया नहीं जाती
दिल की गहराई को कभी भी नापी नहीं जाती
— Raj
@tanharaatein

# 35. मद्दे-मुक़ाबिल - प्रतिद्वंदी

# 36. जहल - अज्ञान

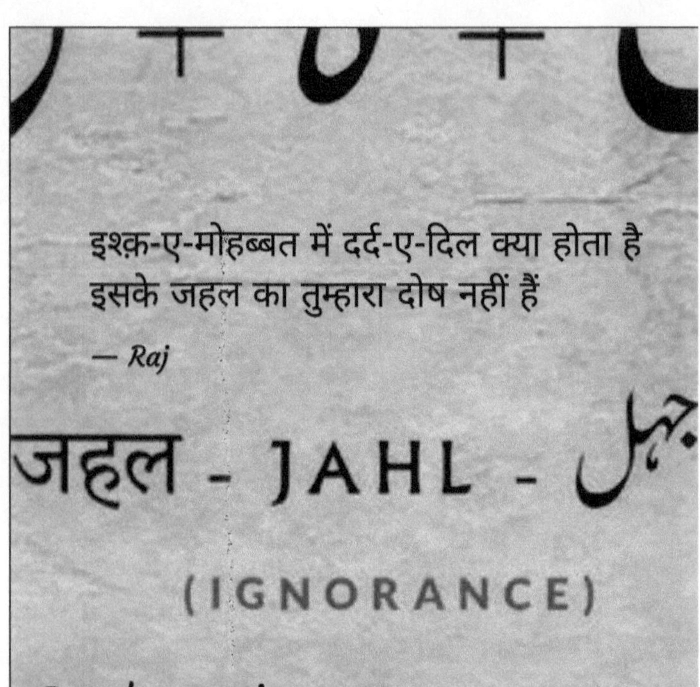

इश्क़-ए-मोहब्बत में दर्द-ए-दिल क्या होता है
इसके जहल का तुम्हारा दोष नहीं हैं
— Raj
जहल - JAHL - جہل
(IGNORANCE)
@tanharaatein

# 37. इबरत - सबक

इश्क़-ए-मोहब्बत में जो इबरत मिलें हैं हमको
दर्द-ए-दिल की ज़ख्म को हम कैसे भूल सकते हैं
— Raj
इबरत ۔ عبرت
IBRAT
(LESSON)
@tanharaatein
YourQuote.in

# 38. क़दीम - पुरातन

इश्क़ का रविश अगर क़दीम हो तो वो आत्मीय कहलाता है
आज के इश्क़ तो बस हर तक़रार पर जुदाई लिखी है
— *Raj*

क़दीम ۔ قدیم

## Qadeem

(OLD, ANCIENT)

@tanharaatein

# 39. आब-ए-रवाँ - बहता हुआ पानी

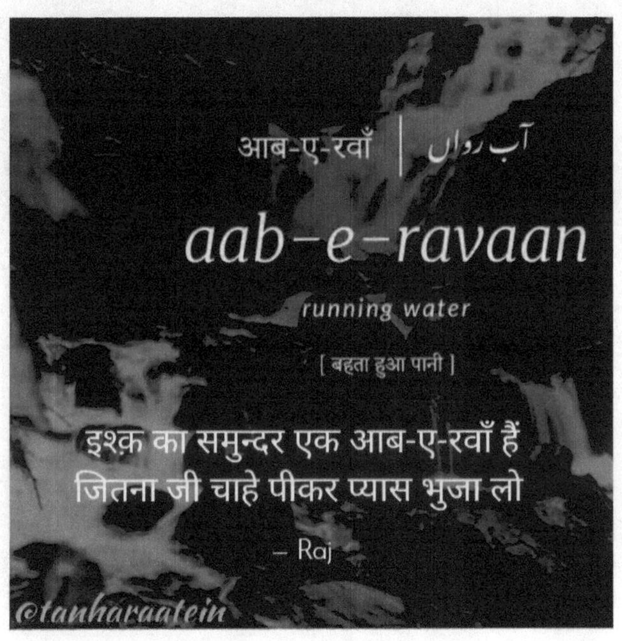

# 40. असासा - संपत्ति

असासा
asaasa
asset / wealth
[संपत्ति]
इश्क़ के आगे असासा की क्या ऐमियत
तुम्हारी इश्क़ की खातिर कुर्बान कर दूँ मैं
— Raj
@tanharaatein

# 41. नग़मा-सरा - गायक

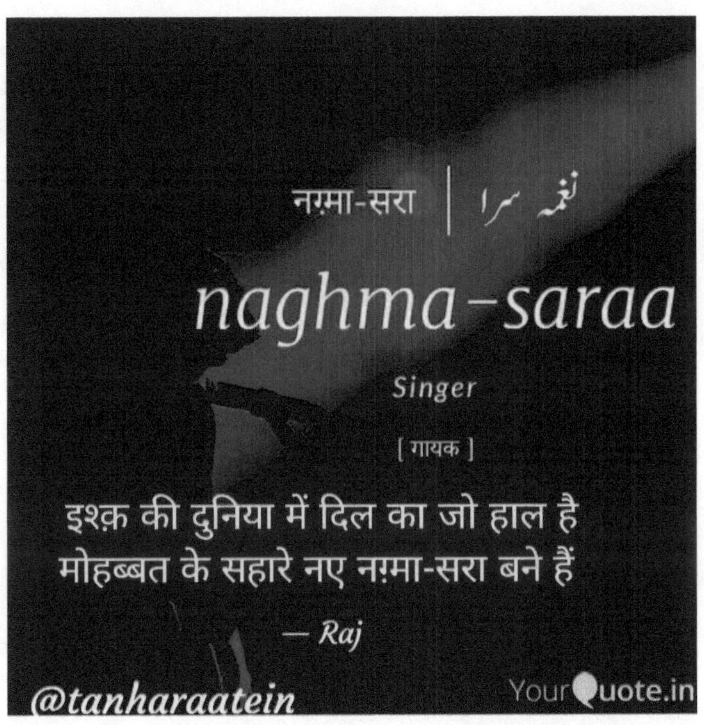

नग़मा-सरा
naghma-saraa
Singer
[गायक]
इश्क़ की दुनिया में दिल का जो हाल है
मोहब्बत के सहारे नए नग़मा-सरा बने हैं
— Raj
@tanharaatein
YourQuote.in

# 42. आजिज़ - बेबस/परेशान

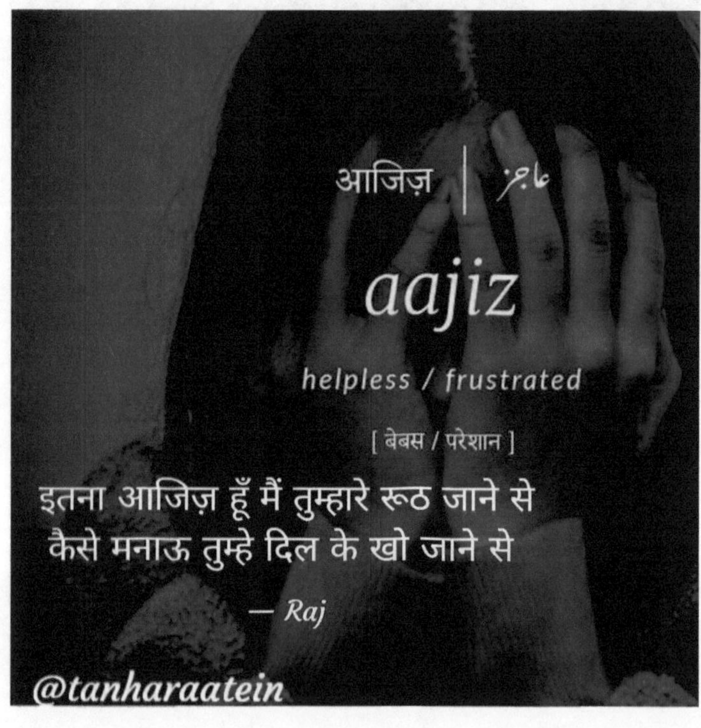

# 43. क़बाइल - कबिले/कुटुंब

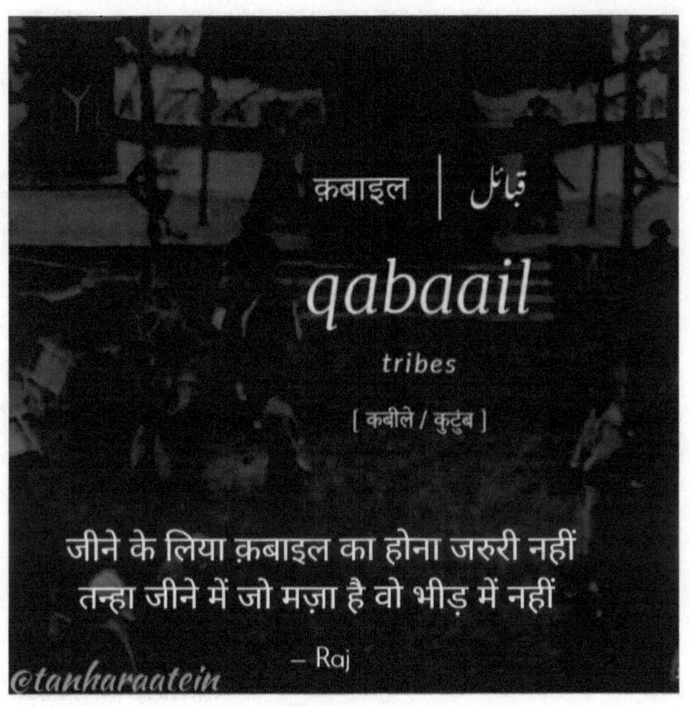

# 44. गुज़रगाह - पथ/सड़क

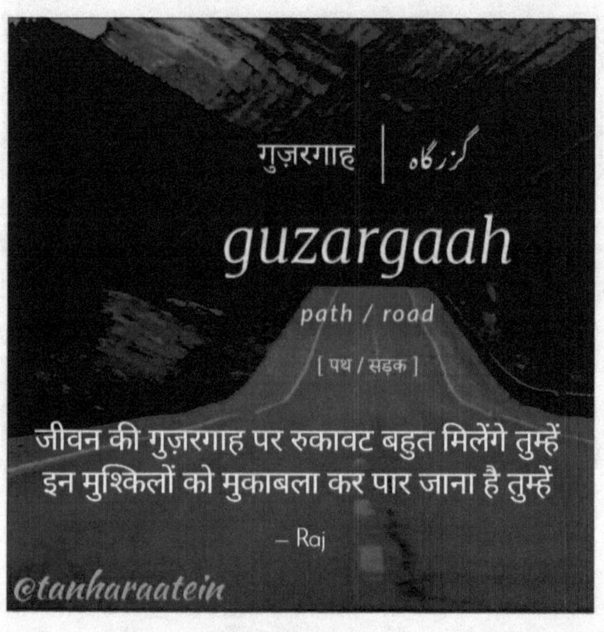

# 45. दस्त-कारी - कारीगरी

# 46. जश्न - उत्सव

जश्न
jashn
celebration
[उत्सव]
जश्न-ए-मोहब्बत का दिन आया है यहाँ
आओ मिलकर मनाये इसे यह जग़ सारा
— Raj
@tanharaatein
YourQuote.in

# 47. नफ़ी - इनकार

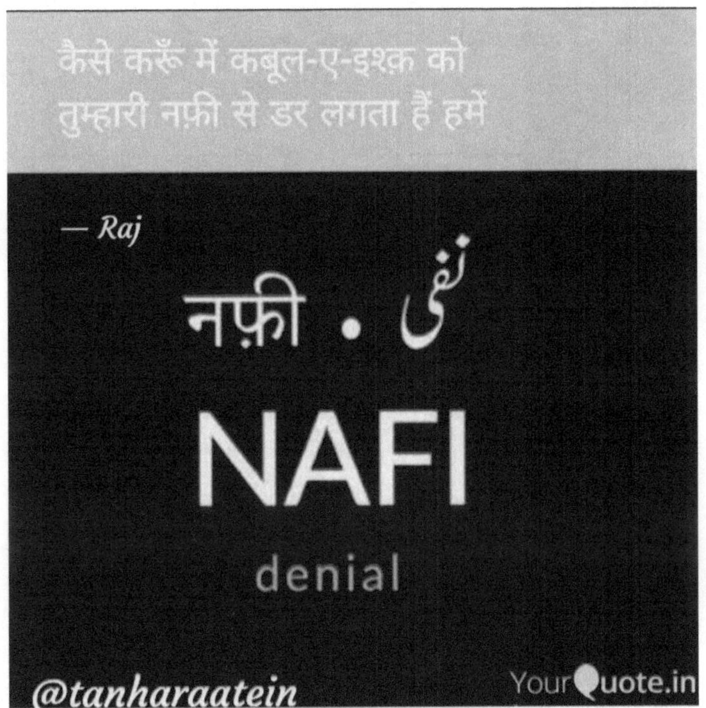

कैसे करूँ में कबूल-ए-इश्क़ को
तुम्हारी नफ़ी से डर लगता हैं हमें
— Raj
नफ़ी
NAFI
denial
@tanharaatein
YourQuote.in

# 48. क़ज़्ज़ाक़ - लुटेरा/चोर

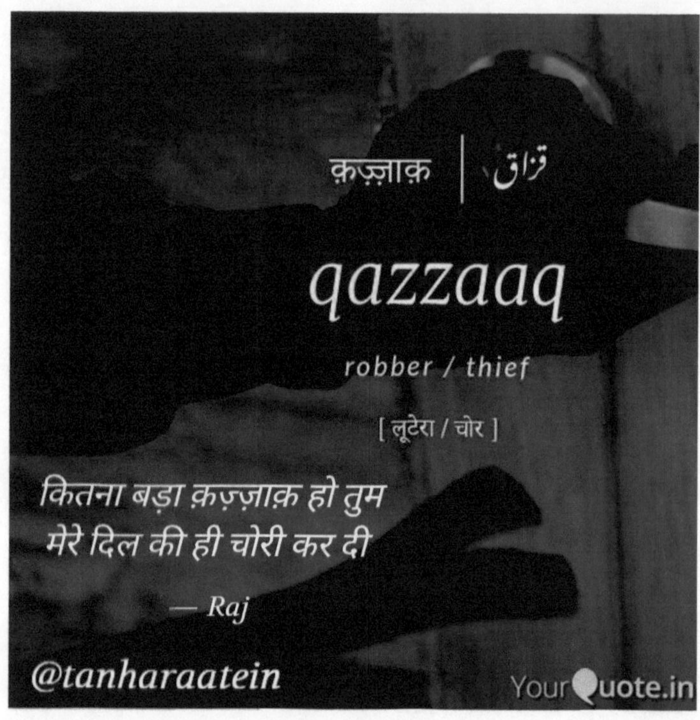

# 49. कोहर - कोहरा

कोहर
kohr
fog
[कोहरा]
कोहर-ए-इश्क़ फैला हैं चारो जहाँ
मोहब्बत-ए-शरबत पी लेना है यहाँ
@tanharaatein   — Raj

# 50. फ़ेल-ए-बद - कुकर्म

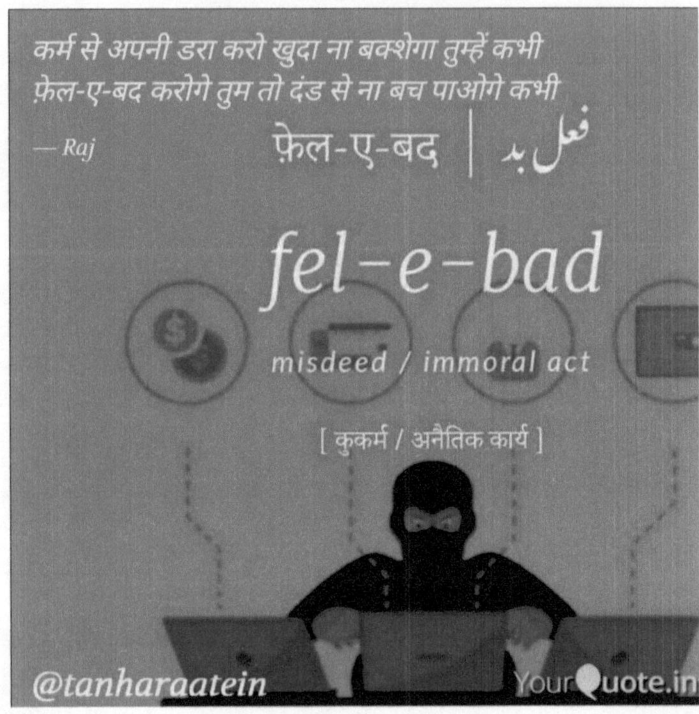

# 51. कलीसा - गिरजा

कलीसा
kaleesa
church / cathedral
[गिरजा]
लोग यहाँ जिसे अलग़ अलग़ नाम से पुकारते हैं और मजहब के नाम पर हैं लड़ता
मंदिर, मस्जिद, कालीसा और गुरूद्धारे गया सब जगह पर पाया बसा है एक ही ख़ुदा
— Raj
@tanharaatein

# 52. सराय - धर्मशाला

# 53. बाब - द्वार/दरवाजा

# 54. दरीचा - खिड़की

# 55. जराहत - शल्य चिकित्सा

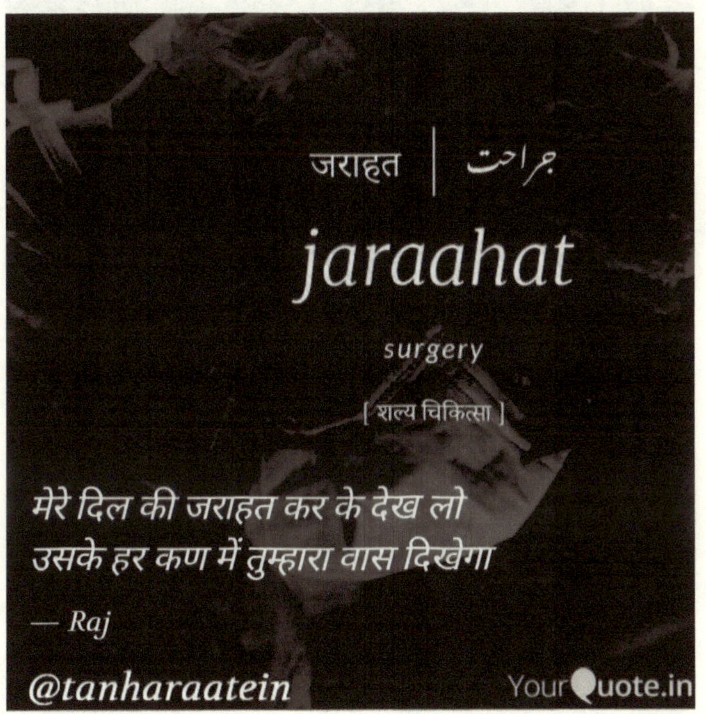

# 56. आग़ाज़ - सुरुआत

मेरे हर सवाल पर यूँ ख़ामोश हो तुम
क्या यह कहीं इश्क़ की आग़ाज़ तो नहीं

— *Raj*

आग़ाज़ • آغاز

## Aaghaaz

(beginning, start)

@tanharaatein　　　　　YourQuote.in

# 57. गुरूब-ए-आफ़्ताब - सूर्यास्त

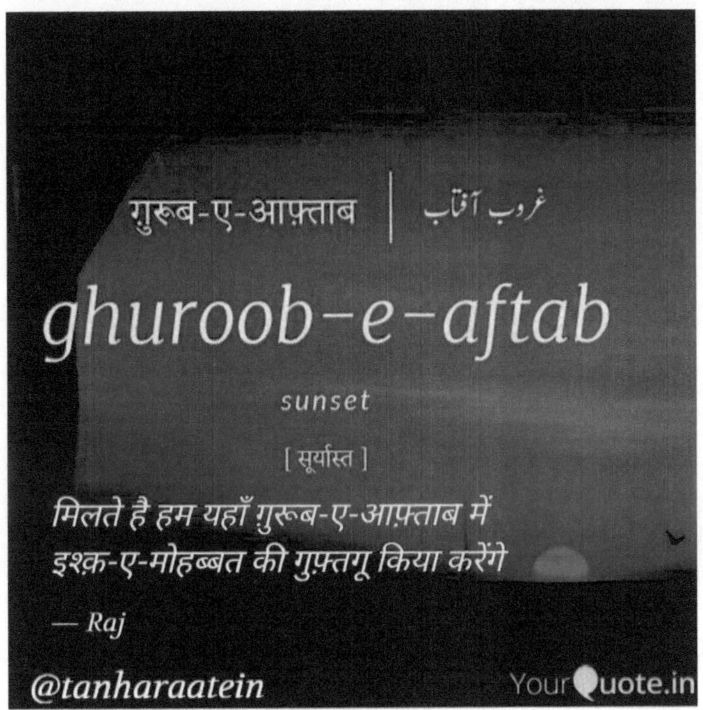

# 58. मोहब्बत - प्रेम

मोहब्बत
mohabbat
love
[प्रेम]
मोहब्बत का यह आलम सारा जहाँ हो
नफ़रत का कोई नमो निशान ना हो
— Raj
@tanharaatein

# 59. आलूदा - सना हुआ

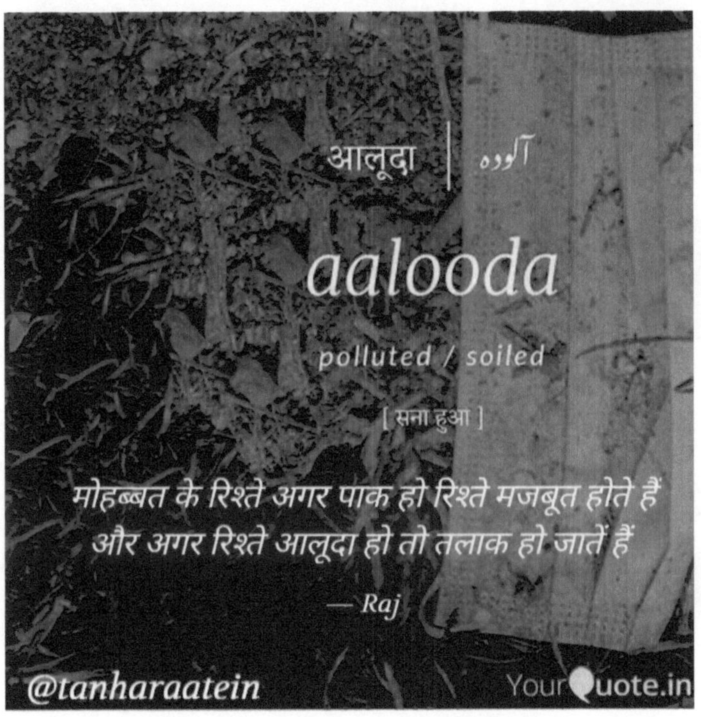

आलूदा | آلودہ
aalooda
polluted / soiled
[सना हुआ]
मोहब्बत के रिश्ते अगर पाक हो रिश्ते मजबूत होते हैं
और अगर रिश्ते आलूदा हो तो तलाक हो जातें हैं
— Raj
@tanharaatein
YourQuote.in

# 60. रविश - रास्ता

मोहब्बत के रविश में चल पड़ा हूँ मैं दिल दीवाना
देखना यह है की क्या होगा आगे का अफसाना

— *Raj*

*@tanharaatein*                    YourQuote.in

# 61. फ़न - कला

फ़न · فن
FAN
ART
मोहब्बत की आढ़ में अपना काम करा लेना
यह फ़न जो तुम्हारे हैं काबिले तारीफ होगा
– Raj
@tanharaatein
©ek Gulnaar

# 62. अनवर - देदीप्यमान

# 63. मस्ती - मदहोशी

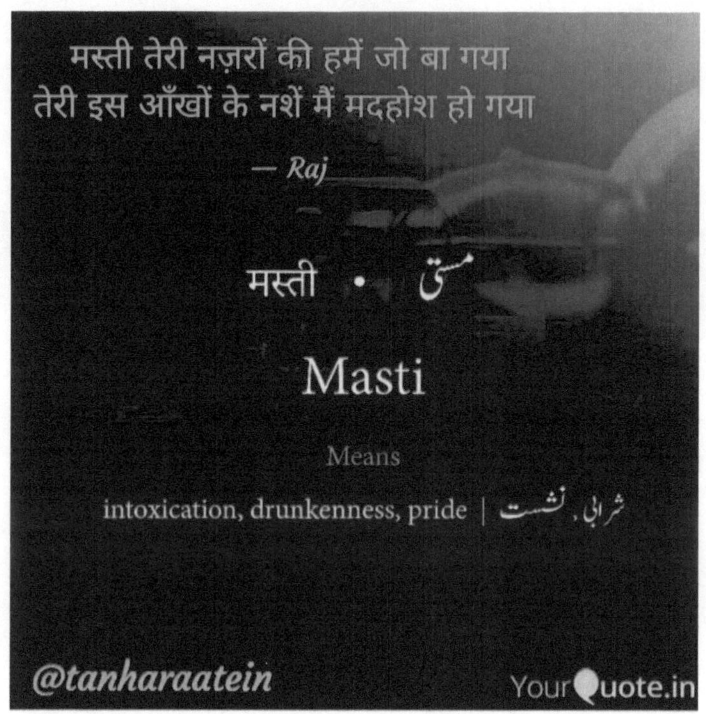

मस्ती तेरी नज़रों की हमें जो बा गया
तेरी इस आँखों के नशें मैं मदहोश हो गया
— Raj
मस्ती • مستی
Masti
Means
intoxication, drunkenness, pride | شرابی , نشست
@tanharaatein
YourQuote.in

# 64. मुंसिफ़ - न्यायाधीश

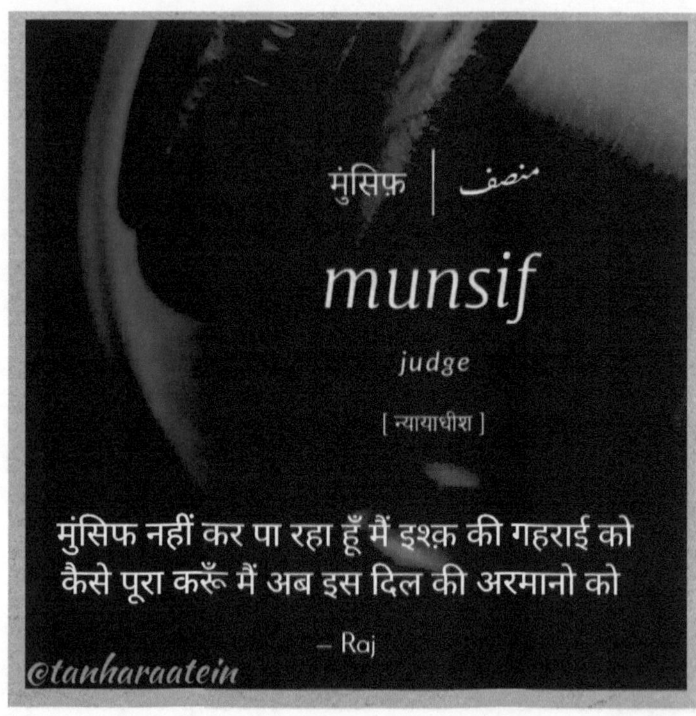

मुंसिफ़ | منصف
munsif
judge
[न्यायाधीश]
मुंसिफ नहीं कर पा रहा हूँ मैं इश्क़ की गहराई को
कैसे पूरा करूँ मैं अब इस दिल की अरमानो को
— Raj
@tanharaatein

# 65. मुंतज़िर - प्रतीक्षा करनेवाला

# 66. पाकीज़ा - पवित्र

पाकीज़ा
paakeeza
chaste / pure
[पवित्र]
पाकीज़ा-ए-मोहब्बत किया था मैंने तुमसे
इश्क़-ए-मोहब्बत पर शक कर चली गयी
— Raj
@tanharaatein

# 67. बाग़बाँ - माली

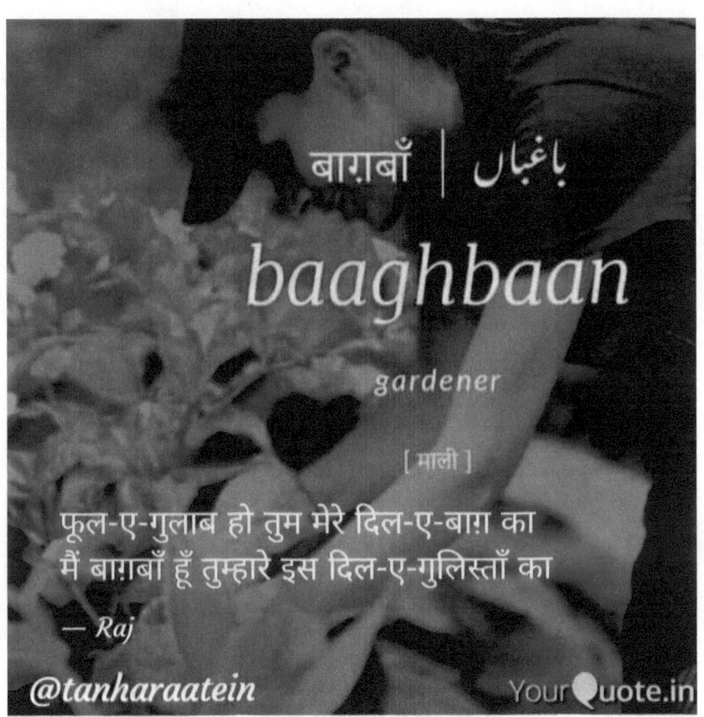

बाग़बाँ | باغبان
baaghbaan
gardener
[माली]
फूल-ए-गुलाब हो तुम मेरे दिल-ए-बाग़ का
मैं बाग़बाँ हूँ तुम्हारे इस दिल-ए-गुलिस्ताँ का
— Raj
@tanharaatein
YourQuote.in

# 68. अस्करी - सैनिक

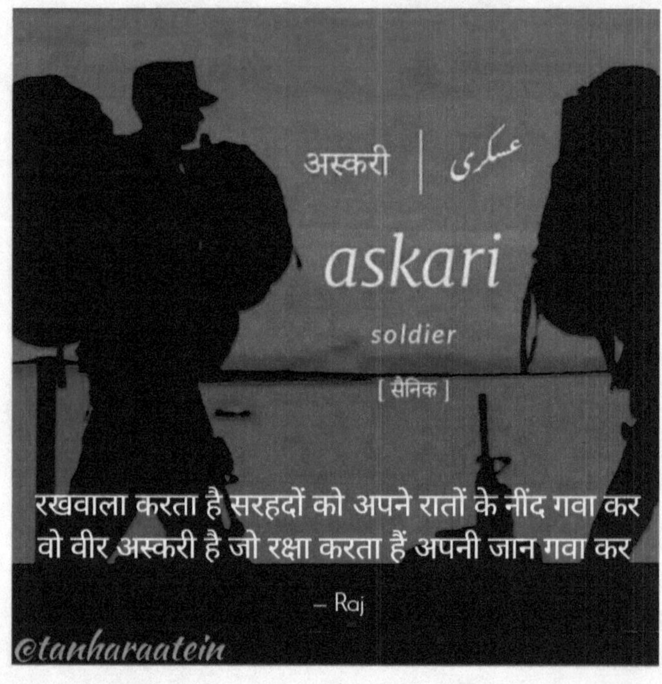

अस्करी | عسكری
askari
soldier
[सैनिक]
रखवाला करता है सरहदों को अपने रातों के नींद गवा कर
वो वीर अस्करी है जो रक्षा करता हैं अपनी जान गवा कर
— Raj
@tanharaatein

# 69. रज़ाकार - स्वयंसेवक

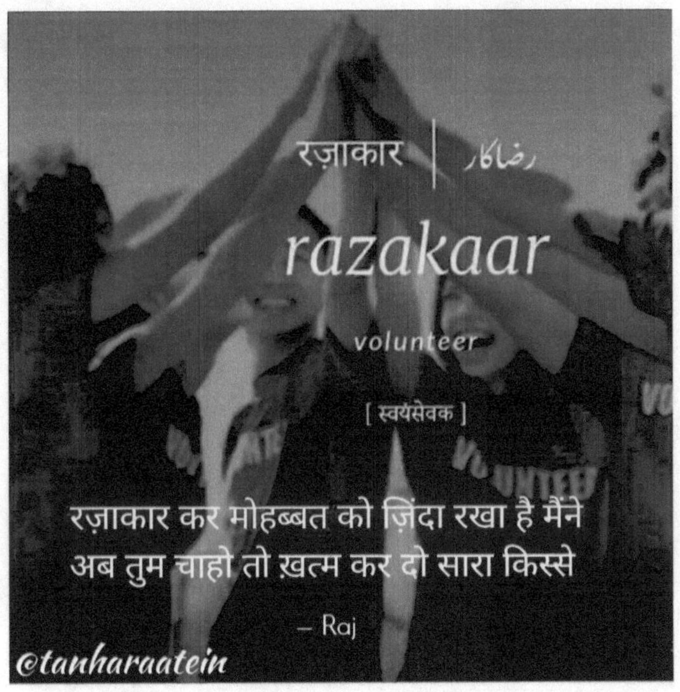

# 70. वादा - वचन

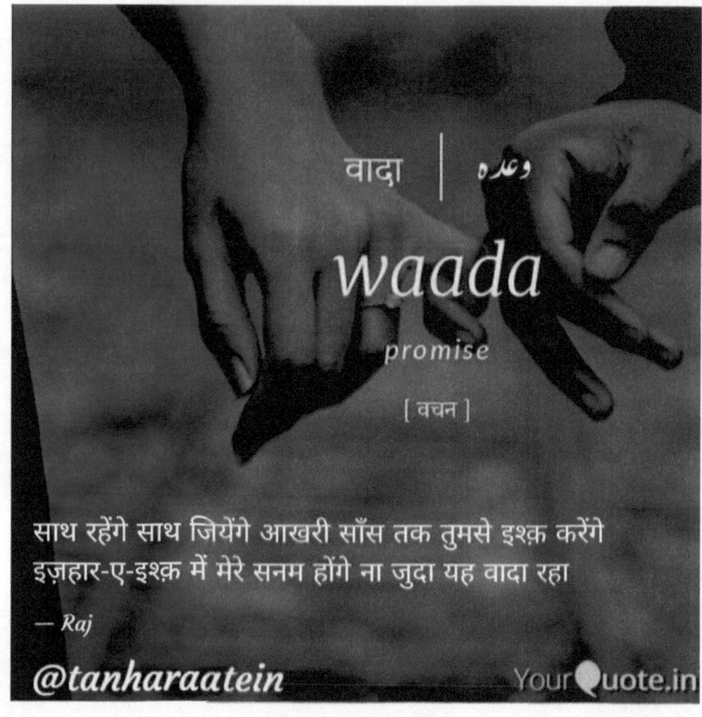

वादा | وعدہ

waada

promise

[वचन]

साथ रहेंगे साथ जियेंगे आखरी साँस तक तुमसे इश्क़ करेंगे
इज़हार-ए-इश्क़ में मेरे सनम होंगे ना जुदा यह वादा रहा

— Raj

@tanharaatein

YourQuote.in

# 71. शफ़क़त - स्नेह

शफ़क़त दिखा रही हो मुझें या इश्क़ का फरमाना है
जो भी हो जैसी भी हो मगर मैं तो तेरा दिवाना हैं

— *Raj*

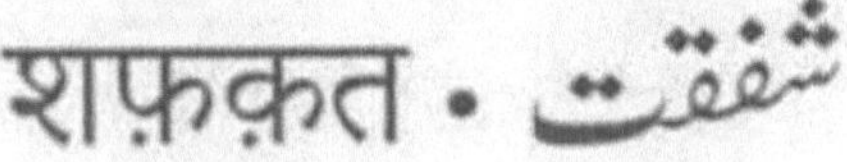


@tanharaatein                          YourQuote.in

# 72. बा-होश - तर्कसंगत

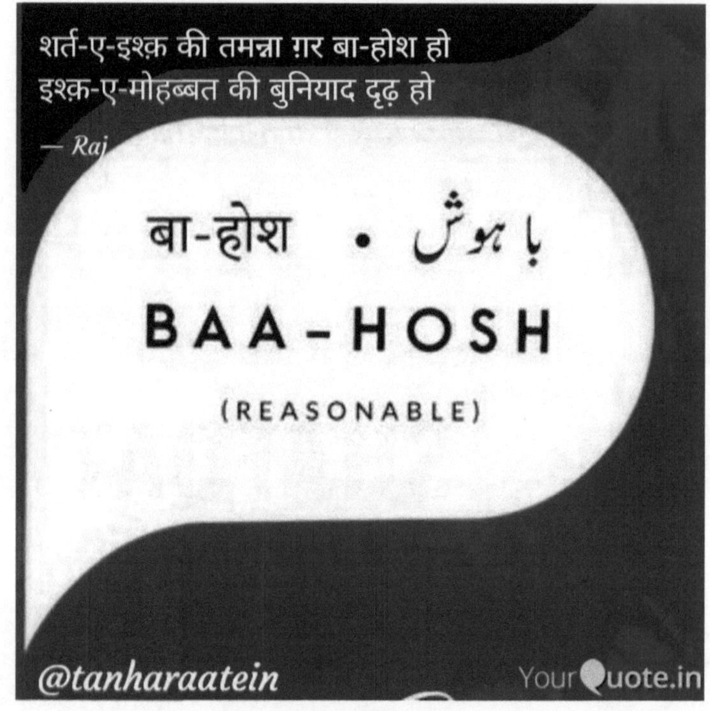

# 73. दफ़्तर-ए-गुल - फूलों की क्यारी

# 74. सताइश - प्रशंसा

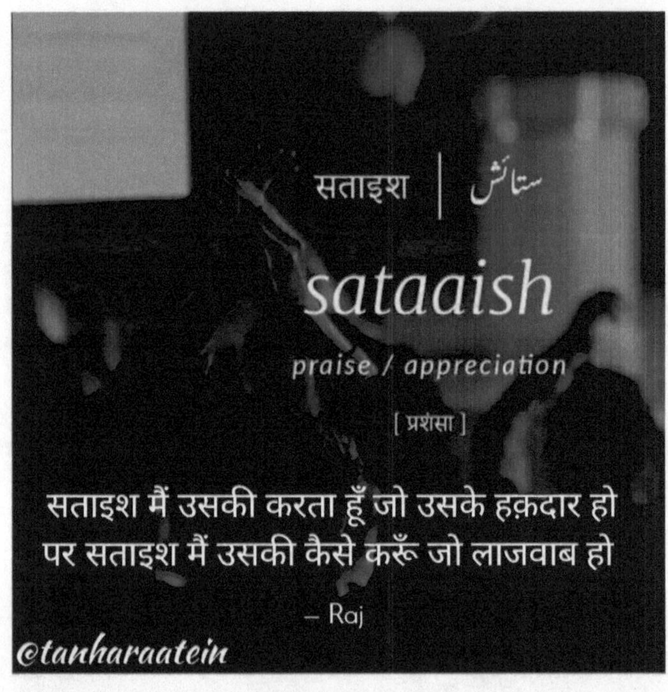

सताइश | ستائش
sataaish
praise / appreciation
[प्रशंसा]
सताइश मैं उसकी करता हूँ जो उसके हक़दार हो
पर सताइश मैं उसकी कैसे करूँ जो लाजवाब हो
– Raj
@tanharaatein

# 75. नसीम-ए-सुब्ह - सुबह की हवा

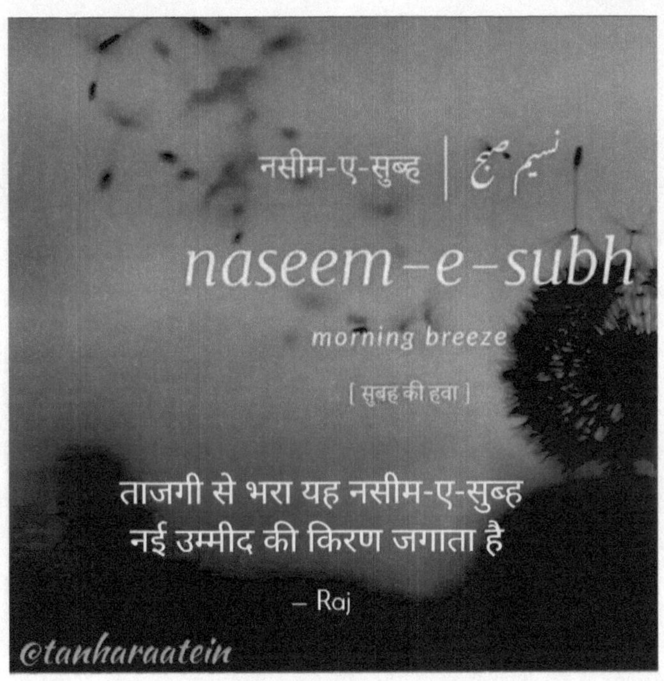

# 76. जाँ-निसार - जान की क़ुरबानी

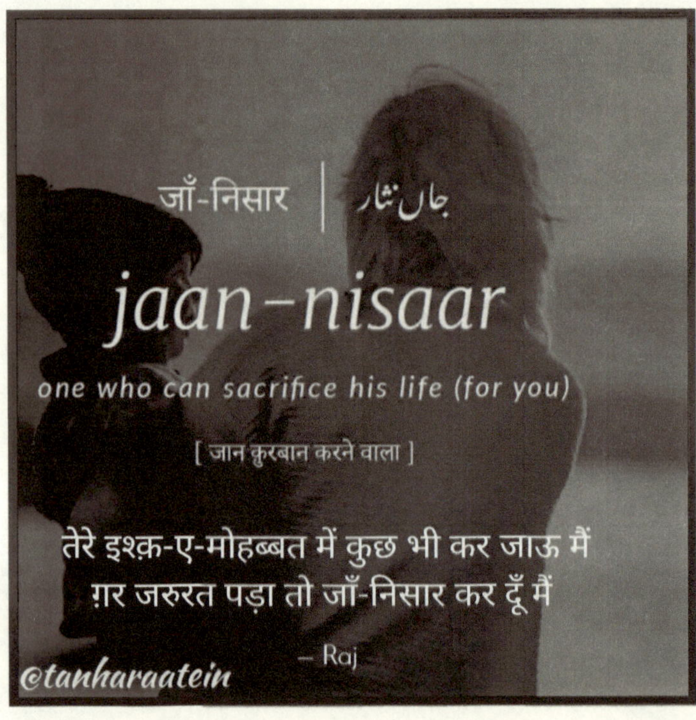

# 77. तिलिस्म - इंद्रजाल

# 78. हुस्न - खूबसूरती

हुस्न - HUSN -

(BEAUTY)

तेरी हुस्न की क्या तारीफ करु मैं
यह तो हज़ार करिश्मे दिखा रहा हैं

— *Raj*

*@tanharaatein*

# 79. ख़ुश-गुफ़्तार - सुवक्ता

# 80. तक़्दीस - पवित्रता

# 81. गुल - फूल

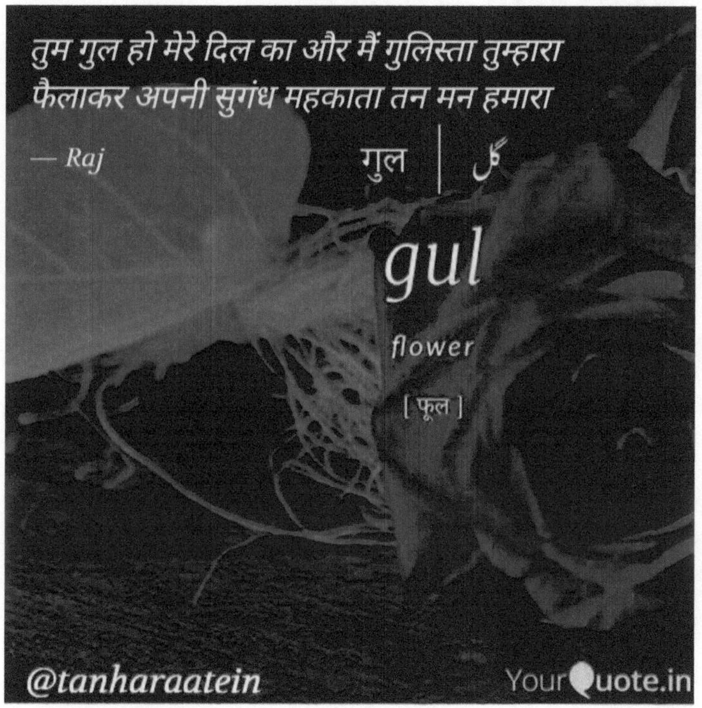

तुम गुल हो मेरे दिल का और मैं गुलिस्ता तुम्हारा
फैलाकर अपनी सुगंध महकाता तन मन हमारा
— Raj
गुल | گل
gul
flower
[फूल]
@tanharaatein
YourQuote.in

# 82. मसरूर - आनंदित

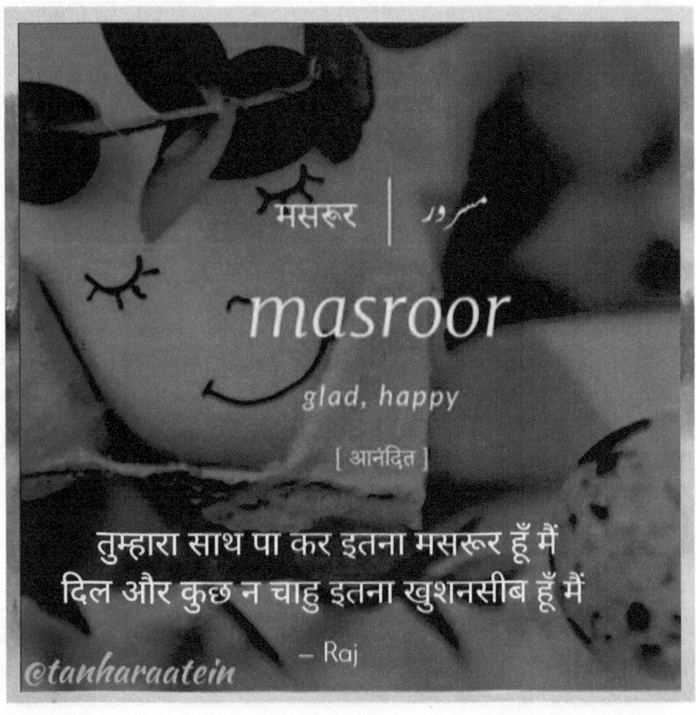

मसरूर
masroor
glad, happy
[आनंदित]
तुम्हारा साथ पा कर इतना मसरूर हूँ मैं
दिल और कुछ न चाहु इतना खुशनसीब हूँ मैं
– Raj
@tanharaatein

# 83. अदीब - साहित्यकार

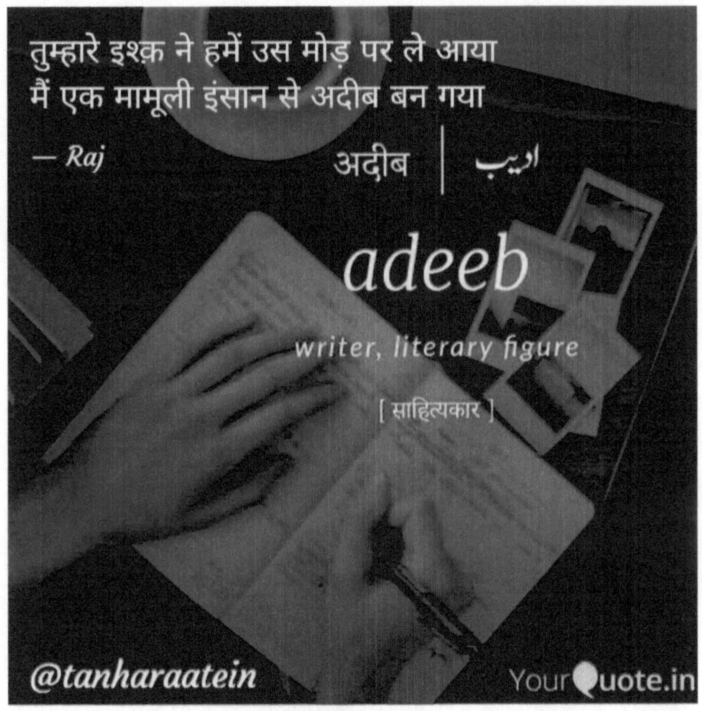

# 84. बर्ग-ए-गुल - फूल की पंखुड़ियाँ

तुम्हारी यह बर्ग-ए-गुल जैसी आँखें कुछ कह रही हैं
इस आँखों की चमक कुछ बयान कर रही हैं

— Raj

बर्ग-ए-गुल | برگِ گل

## barg-e-gul

*leaf of flower*

[ फूल की पंखुड़ियाँ ]

@tanharaatein　　　　YourQuote.in

# 85. मुसव्वरी - चित्रकारी

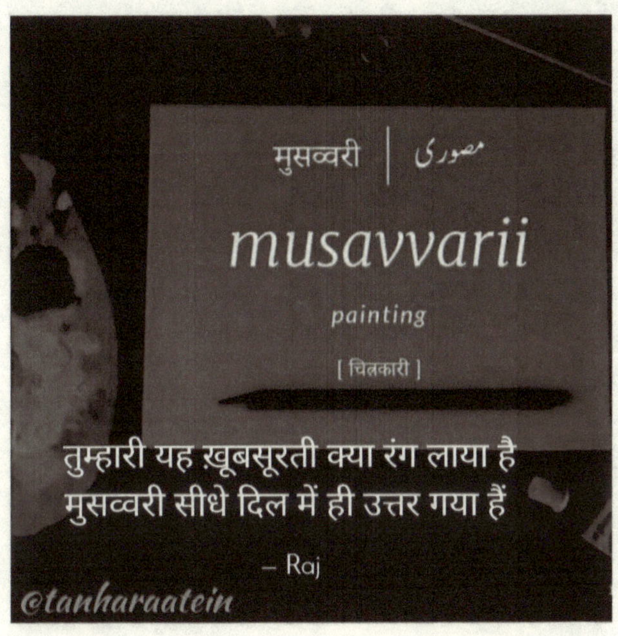

# 86. गुफ़्तुगू - वार्तालाप

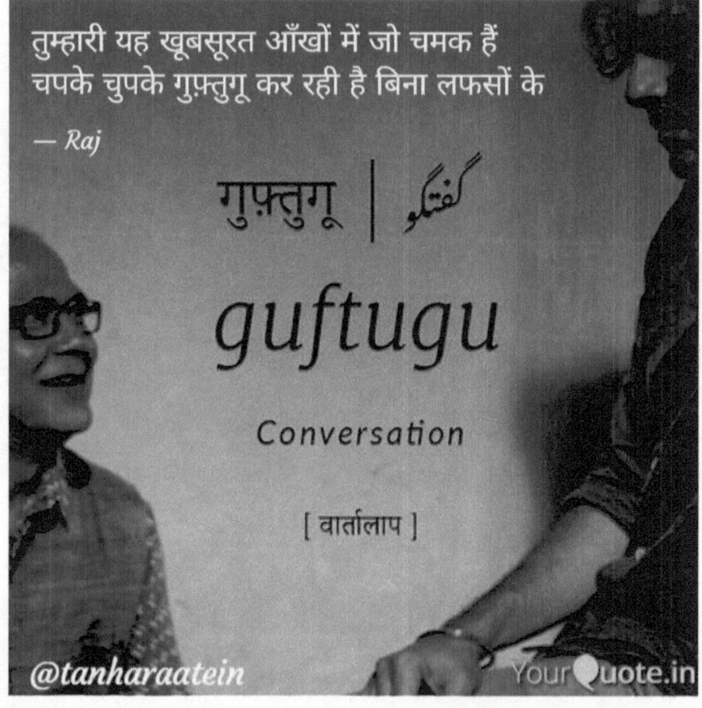

# 87. नज़्म - कविता

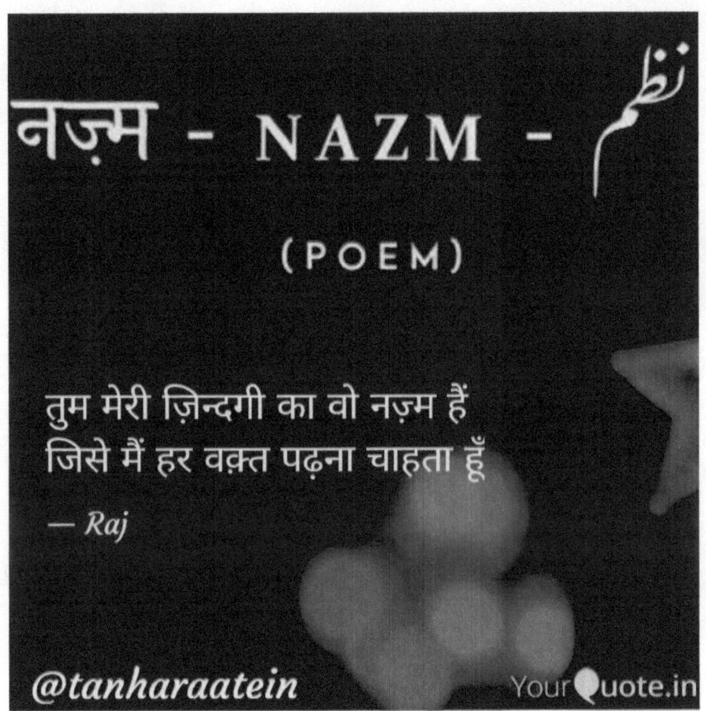

नज़्म - NAZM -
(POEM)
तुम मेरी ज़िन्दगी का वो नज़्म हैं
जिसे मैं हर वक़्त पढ़ना चाहता हूँ
— Raj
@tanharaatein
YourQuote.in

# 88. वजूद - अस्तित्व

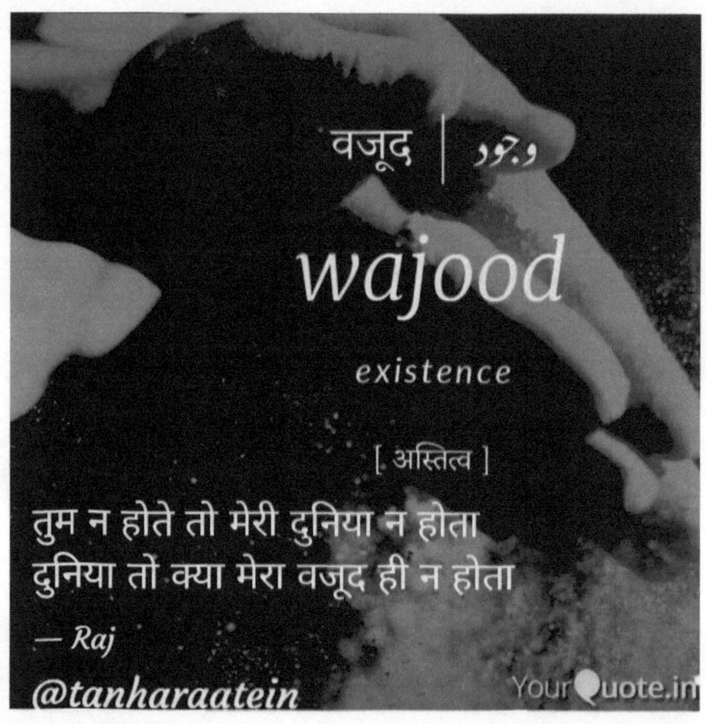

वजूद | وجود
wajood
existence
[अस्तित्व]
तुम न होते तो मेरी दुनिया न होता
दुनिया तो क्या मेरा वजूद ही न होता
— Raj
@tanharaatein
YourQuote.in

# 89. फ़रहत - खुशियाँ

तुम पास होती हो तो फ़रहत छाने लगता हैं
जैसे इश्क़-ए-मोहब्बत के दौलत पाने लगता हैं
— Raj
फ़रहत فرحت
FARHAT
(JOY, CHEERFULNESS)
@tanharaatein
YourQuote.In

# 90. नफ़स - क्षण

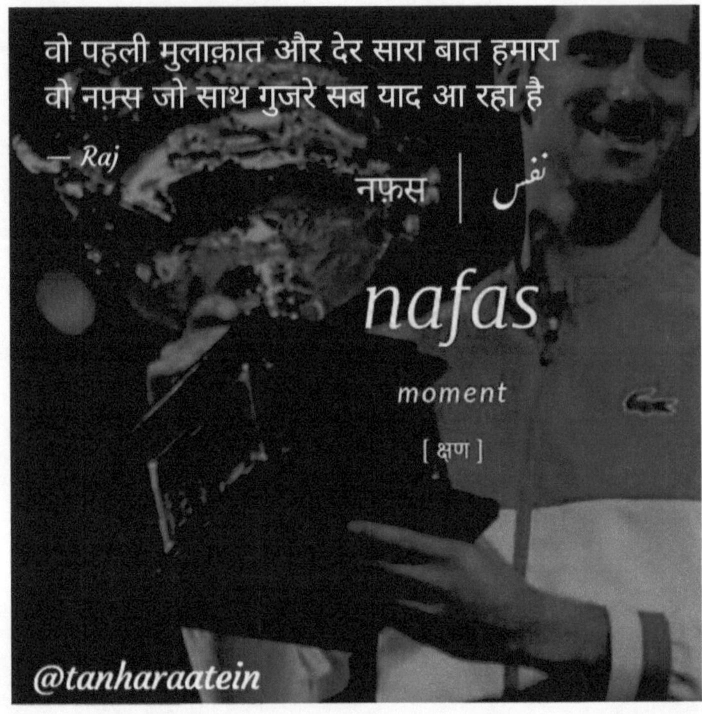

वो पहली मुलाक़ात और देर सारा बात हमारा
वो नफ़स जो साथ गुज़रे सब याद आ रहा है
— Raj
नफ़स
nafas
moment
[क्षण]
@tanharaatein

# 91. शब-ओ-रोज़ - दिन रात

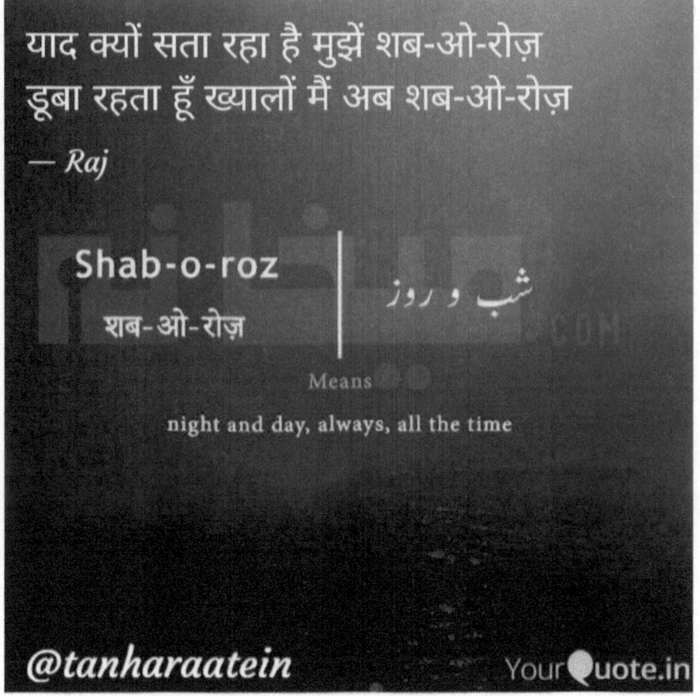

# 92. बाद-ए-सबा - सवेरे की हवा

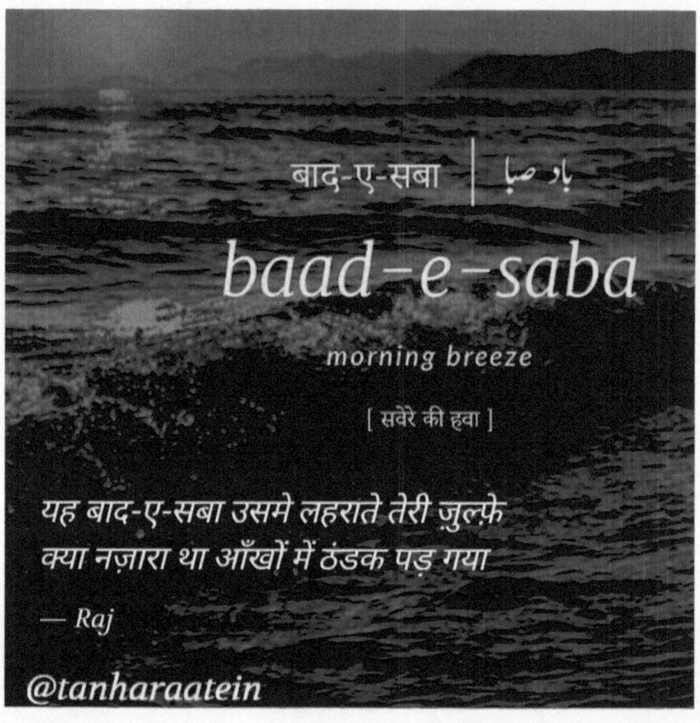

# 93. बरहना-पा - नंगे पैर

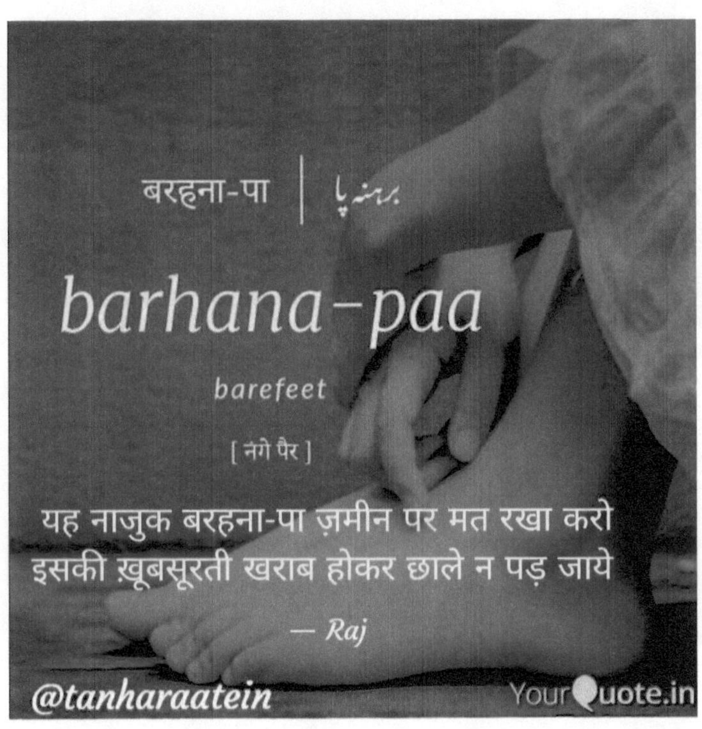

# 94. आह-ओ-ज़ारी - विलाप

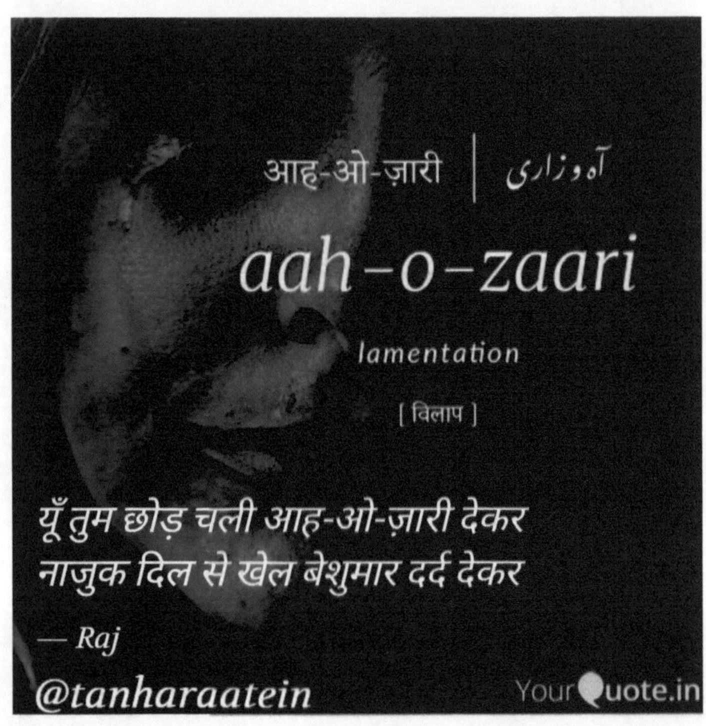

आह-ओ-ज़ारी
aah-o-zaari
lamentation
[विलाप]
यूँ तुम छोड़ चली आह-ओ-ज़ारी देकर
नाज़ुक दिल से खेल बेशुमार दर्द देकर
— Raj
@tanharaatein
YourQuote.in

# 95. ज़ाहिद - तपस्वी

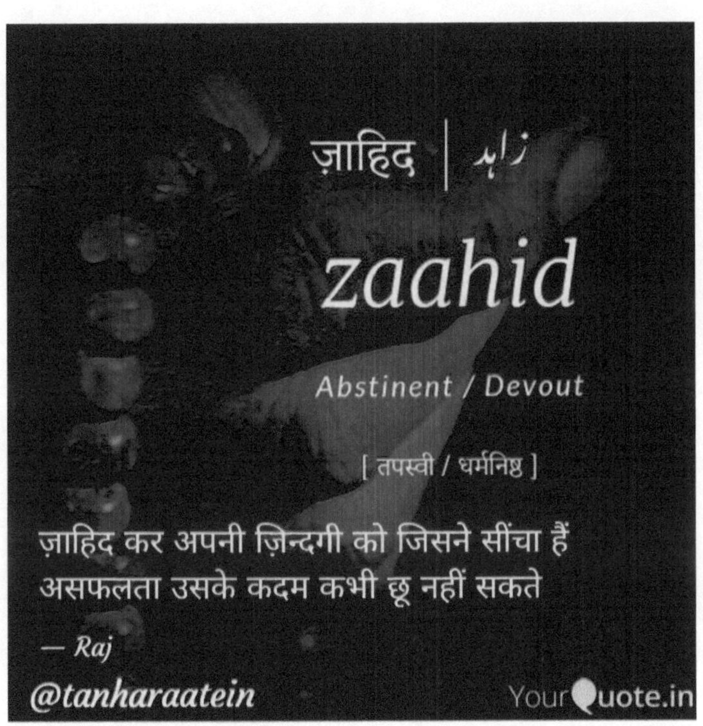

ज़ाहिद
zaahid
Abstinent / Devout
[तपस्वी / धर्मनिष्ठ]
ज़ाहिद कर अपनी ज़िन्दगी को जिसने सींचा हैं
असफलता उसके कदम कभी छू नहीं सकते
— Raj
@tanharaatein
YourQuote.in

# 96. मीज़ान - तराज़ू

मीज़ान | میزان
meezaan
scale
[तराज़ू]
ज़िन्दगी के मिज़ान पर नफा नुकसान तो होतें हैं
इश्क़ में कभी नफा तो कभी नुकसान होता हैं
– Raj
@tanharaatein

# 97. चर्ख़ - गगन

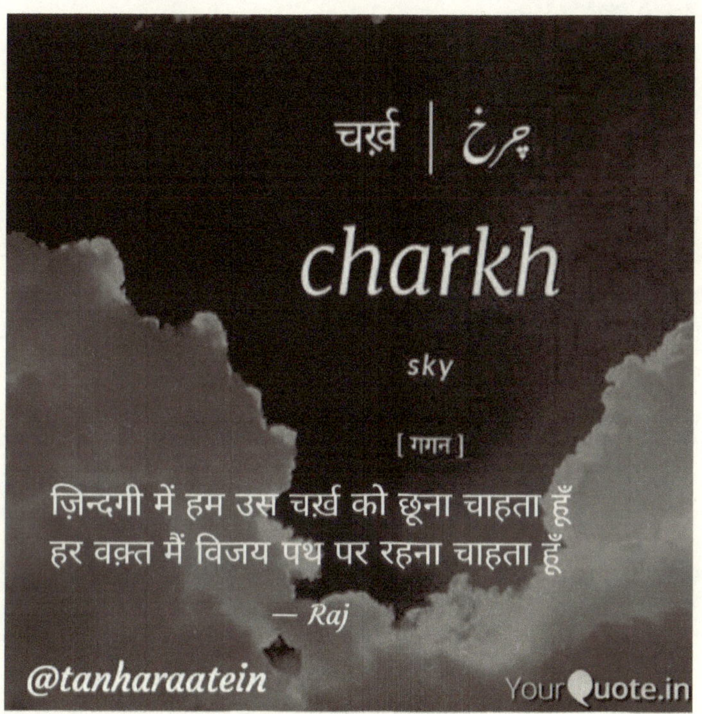

चर्ख़ | چرخ
charkh
sky
[गगन]
ज़िन्दगी में हम उस चर्ख़ को छूना चाहता हूँ
हर वक़्त मैं विजय पथ पर रहना चाहता हूँ
— Raj
@tanharaatein
YourQuote.in

# 98. बरहम - क्रोधित

बरहम

barham

enraged

[क्रोधित]

ज़िन्दगी में कभी भी बरहम ना होना सनम
यह नकारात्मक ऊर्जा तैयार करता है

— Raj

@tanharaatein

YourQuote.in

# 99. औराक़-ए-परेशाँ - बिखरे हुए पृष्ठ

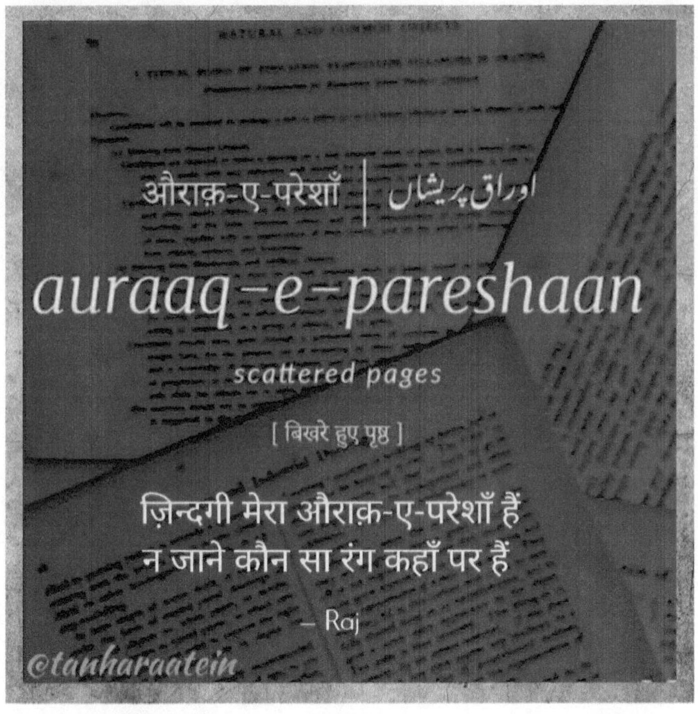

# 100. अमीक़ - गहरा

अमीक़ | عميق
ameeq
deep
[गहरा]
ज़ख्म-ओ-अमीक़ इस दिल-ए-नादान की किसे दिखाऊ
इस दर्द-ए-दिल पर इलाज-ए-ज़ख्म-ए-दिल कैसे करू
– Raj
@tanharaatein

# अस्वीकरण

सभी रचनाएँ कल्पना पर आधारित हैं। इसका लेखक के जीवन या ब्रह्मांड में किसी से कोई लेना-देना नहीं है। सभी लेख काल्पनिक हैं और किसी जीवित या मृत व्यक्ति से कोई समानता नहीं है। यदि कोई समानता है तो यह मात्र संयोग है।

# लेखक की जीवनी

श्री के.सी. श्रीराज मेनन, जिनका जन्म केरल के एक संपन्न परिवार में 09 सितंबर 1973 को श्री कोझीपुरथ संकुन्नी मेनन और श्रीमती किज़हारा चालापुरथ सेथुलक्ष्मी मेनन के घर हुआ और महाराष्ट्र में अधिवासित हैं। वह बचपन से ही तेज-तर्रार शायरी करते थे, कहते और भूल जाते थे। एक बार उनके एक करीबी दोस्त ने इस पर गौर किया और उन्हें जो भी कविताएँ या उद्धरण कहते थे, उन्हें लिखने के लिए मजबूर किया और तब से उन्होंने लिखना शुरू कर दिया। उन्होंने अपनी कविताओं और उद्धरणों को अपने और अपने करीबी दोस्तों के पास तब तक सीमित रखा जब तक उन्हें अपने कामों को ऑनलाइन लिखने के लिए एक मंच नहीं मिला। वह Your Quote साइट पर एक सक्रिय लेखक हैं और उन्हें प्रतियोगिता के लिए कई प्रशंसापत्र और प्रमाणपत्र प्राप्त हुए हैं। वह एक बहुभाषी लेखक हैं और उनका लेखन विस्मयकारी है। चाहे वह अंग्रेजी, हिंदी, उर्दू, मलयालम और मराठी हो, वह सभी भाषाओं में उत्कृष्ट है। वह कई दिलचस्प लेखकों के लिए एक बड़ी प्रेरणा भी हैं। वह मुंबई विश्वविद्यालय से स्नातक हैं। वह एक एकाउंटेंट हैं और एक स्व-शिक्षित कंप्यूटर इंजीनियर भी हैं। उनके कौशल शीर्ष पायदान पर हैं और उनके पास कई प्रमाणपत्र हैं। अभिनय, लेखन, पेंटिंग और नृत्य और संगीत सुनना आदि... आदि उनके जुनून हैं।

इ-मेल :- shreeraj_m@yahoo.co.uk

www.ingramcontent.com/pod-product-compliance
Lightning Source LLC
Chambersburg PA
CBHW031340160726
47993CB00002B/772